## Zu diesem Buch

Erich Mühsam gehört zu den brillantesten Autoren des politischen Kabaretts vor und nach dem Ersten Weltkrieg, neben Frank Wedekind, Ludwig Thoma, Joachim Ringelnatz und Roda Roda. Mit seinen Gedichten, Balladen und Moritaten eroberte er so bekannte Vortragsbühnen wie den «Hungrigen Pegasus» in Berlin und das «Nachtlicht» in Wien. Auch bei der bayerischen Wirtin Kathi Kobus im Münchner «Simpl» war er einer der beliebtesten Interpreten. Seine Texte gehören zum wichtigen Repertoire der deutschen satirischen Literatur, die es verdient haben, der Vergessenheit entrissen zu werden. Sein Gedicht «Der Revoluzzer» machte später der Sänger Ernst Busch auf Schallplatten berühmt. Erich Mühsams Vortragslyrik strahlt große Heiterkeit und Zuversicht aus. Die vorliegende Auswahl, die gleichermaßen Bänkelballaden, spaßige Verse, Naturgedichte und Vagantenlyrik berücksichtigt, hat nichts von ihrer Lebendigkeit und Aktualität verloren.

Erich Mühsam, geboren am 6. April 1878 in Berlin als Sohn eines Apothekers, vom Gymnasium in Lübeck wegen «sozialistischer Umtriebe» verwiesen, arbeitete in verschiedenen Orten als Apothekergehilfe. In seiner 1911 gegründeten Zeitschrift «Kain», die den Untertitel «Zeitschrift für Menschlichkeit» führte und deren Beiträge er allein schrieb, strebte er danach, Dichtung und politisches Engagement zu verbinden. An der Bildung der ersten Bayerischen Räterepublik beteiligt, wurde er zu fünfzehn Jahren Festungshaft verurteilt, aber 1924 begnadigt. Neben seinen Versen, Liedern und vielbeachteten politischen Essays schrieb er auch Bühnenstücke, so ein Drama über Sacco und Vanzetti («Staatsraison»). Nach dem Reichstagsbrand verhaftet, wurde Erich Mühsam am 10. Juli 1934 im KZ Oranienburg ermordet.

Erich Mühsam
War einmal ein Revoluzzer
Bänkellieder und Gedichte

Herausgegeben von Helga Bemmann

Rowohlt

Umschlagbilder von Sabine Wilhorn
Veröffentlicht im Rowohlt Taschenbuch Verlag GmbH,
Reinbek bei Hamburg, Juni 1978
Copyright © 1968 by Henschelverlag Kunst und
Gesellschaft, Berlin
Dieser Titel erschien 1968 in der Reihe Klassische Kleine
Bühne, herausgegeben von Helga Bemmann
Satz Garamond (Linotron 505 C)
Gesamtherstellung Clausen & Bosse, Leck/Schleswig
Printed in Germany
380-ISBN 3 499 14219 8

## Zum Autor

Erich Mühsam heute zu den klassischen Dichtern der Vortragsbühne in Deutschland zu zählen, mag auf den ersten Blick ungerechtfertigt erscheinen. Im allgemeinen hat sich von diesem Dichter die expressive Lyrik mit ihrer Pathetik stärker durchgesetzt als seine lustigen und heiteren Verse, seine Vagantendichtung mit ihren antibürgerlichen Aspekten, die sie um die Jahrhundertwende geradezu für die Brettl-Bühnen in München und Berlin prädestinierten.

Der Grund für das Zurücktreten dieses Teils im dichterischen Schaffen Erich Mühsams liegt vor allem darin, daß er es beispielsweise im Gegensatz zu Ludwig Thoma oder Christian Morgenstern immer vermieden hat, seine satirischen Gedichte, Balladen und Moritaten zu einem besonderen Bändchen zusammenzustellen. Waren die «Galgenlieder» Morgensterns, die Peter-Schlemihl-Gedichte Ludwig Thomas oder die Bierbaum-«Chansons» als Kabarettdichtungen allgemein bekannt, so brachten Mühsams frühe Gedichtbände «Die Wüste» (1904) und «Der Krater» (1909) zwar eine Reihe seiner besten Satiren und Kabarettverse, sie erreichten jedoch bei weitem nicht jene Popularität als kabarettistische Vortragsliteratur wie die kleinen Ausgaben der vergleichsweise erwähnten Autoren. Der oft stark hervortretende Zug des Anarchismus, der Mühsams spätere Dichtung noch merkbarer kennzeichnet, steht hier ohne Zweifel echter Volkstümlichkeit entgegen – ein Zug, der auch durch das soziale Engagement des Dichters, durch seine echte Verbundenheit mit den arbeitenden Volksschichten, nicht aufgehoben werden kann.

Ein zweiter, sehr wesentlicher Faktor für das Zurücktreten des satirischen Dichters Mühsam hinter dem lyrischen Pathos des antiimperialistischen Schriftstellers ist auch darin zu suchen, daß er dem literarischen Kabarett als einer politischen Kunstform nur geringe Bedeutung zumaß, obwohl er in seinen «Erinnerungen» an vielen Stellen geradezu das Gegenteil belegt. Drittens schließlich tritt im allgemein bekannten Bild des Dichters seine Mitarbeit für das literarische Kabarett hinter seiner politischen, antiimperialistischen Dichtung und seiner gegen die herrschende Sozialordnung gerichteten Tätigkeit allzu stark zurück.

Sichten wir das Werk Erich Mühsams daraufhin genauer und lesen wir in seinen «Erinnerungen» nach, so wird deutlich, daß er ebenso wie Frank Wedekind oder Ludwig Thoma, Alfred Kerr oder Christian Morgenstern, Otto Julius Bierbaum oder Arno Holz zu den wichtigsten Autoren der Vortragsbühne in Deutschland vor dem ersten Weltkrieg gehört. Fast zehn Jahre hindurch rezitierte er seine Gedichte auf den Podien der «Brettl» oder «Cabarets» und war, wie die zeitgenössische Memoirenliteratur bestätigt, eine ihrer bemerkenswertesten Persönlichkeiten.

Zwar schreibt Mühsam in seinen «Erinnerungen», daß er es abgelehnt habe, in Unterhaltungskabaretts seine politischen Verse zu sprechen, seine Vorträge waren deshalb durchaus nicht unpolitisch. Seine sozial akzentuierte Lyrik gehörte ebenso zu seinem Vortragsrepertoire wie seine spaßig-heiteren Einfälle zum Thema Liebe oder kleine selbstkritische Bespöttelungen wie der «Heimweg des Dichters». Nahezu berühmt wurden seine witzig-winzigen Gedichtminiaturen. Der lustige Sechszeiler «Es stand ein Mann am Siegestor» ist wohl eines der besten Beispiele für die spezifische Note seiner kabarettistischen Dichtung. Außer ihm war es nur noch Paul Scheerbart, der diese literarische Form des aphoristischen Kabarettgedichtes beherrschte.

Mit seinen Balladen, Liedern und Gedichten trat Erich Mühsam im «Hungrigen Pegasus» in Berlin auf, einem Kabarett, das der Maler Max Tilke gegründet hatte und das ein interessanter Treffpunkt der Berliner Künstler war. Ein anderes Podium war für ihn das Berliner «Cabaret zum Peter Hille», in dem der Dichter Peter Hille viele seiner schönen Naturgedichte sprach und Else Lasker-Schüler ihre bedeutsame Liebeslyrik rezitierte. Auch bei der bayrisch-resoluten Wirtin Kathi Kobus im Müncher «Simplizissimus» war Erich Mühsam neben Joachim Ringelnatz, Max Dauthendey, Ludwig Scharf und Hanns von Gumppenberg einer der geistvollsten und beliebtesten Interpreten. Hier im «Simpl» kursierte der bissige Kollegenwitz: «Was ist der Unterschied zwischen Mühsam und Scharf?» – «Scharf dichtet mühsam und Mühsam dichtet scharf!» In Wien gehörte er 1906 im Kabarett «Nachtlicht» neben Roda Roda zu den prominentesten Künstlern. Auch während seines Pariser Aufenthaltes in den Jahren 1907 und 1908 fand das klassische Vorbild des französischen Kabaretts, verkörpert im berühmten «Chat noir», sein besonderes Interesse, und die Begegnung mit dem Altmeister des Kabaretts, dem Montmartre-Chansonnier Aristide Bruant, machte auf Erich Mühsam einen nachhaltigen Eindruck.

Mehr als ein Jahrzehnt war Erich Mühsam mit dem literarisch-satirischen Kabarett verbunden. Die Themen und die Formen, mit denen er die Kleine Vortragsbühne bereichert hat, gehörten und gehören zum festen Repertoire der Kabaretts. Vieles ist aber im Lauf der Jahrzehnte vergessen worden oder geht in den umfänglichen Werksammlungen unter, ohne daß die Bestimmung dieser Verse für den künstlerischen Vortrag sichtbar wird. Der konsequente Antiimperialist Erich Mühsam, der nach der gescheiterten Münchner Räterepublik jahrelang im Zuchthaus eingekerkert wurde, den vertierte KZ-Mörder 1934 umbrachten, strahlt in seiner Vortragslyrik eine große Heiterkeit und Zuversicht aus. Was ihm in jener ersten Periode des deutschen Kabaretts nachgesagt wurde, ein scharfer, geistvoller Dichter zu sein, das bestätigen seine Verse auch heute noch voll und ganz. Aus diesem

Grunde verdienen sie gesondert herausgestellt zu wer-
den, als Repertoire und Anregung für die heutige Vor-
tragsbühne und als wichtiger Teil der satirischen deut-
schen Literatur.

Helga Bemmann

# I
# Kein Schlips am Hals,
# kein Geld im Sack

## Zur Drehorgel zu singen

Stammbuchvers
*Für C. G. v. Maaßen*

Geht der Mensch im dunkeln Drang
einen dunkeln Weg entlang,
sieht er trüb und dunkel nur
Gottes liebliche Natur.
Hieraus merkt wohl jedes Kind,
wie bewährt Laternen sind.

Der Revoluzzer
*Der deutschen Sozialdemokratie gewidmet*

War einmal ein Revoluzzer,
im Zivilstand Lampenputzer;
ging im Revoluzzerschritt
mit den Revoluzzern mit.

Und er schrie: «Ich revolüzze!»
Und die Revoluzzermütze
schob er auf das linke Ohr,
kam sich höchst gefährlich vor.

Doch die Revoluzzer schritten
mitten in der Straßen Mitten,
wo er sonsten unverdrutzt
alle Gaslaternen putzt.

Sie vom Boden zu entfernen,
rupfte man die Gaslaternen
aus dem Straßenpflaster aus,
zwecks des Barrikadenbaus.

Aber unser Revoluzzer
schrie: «Ich bin der Lampenputzer
dieses guten Leuchtelichts.
Bitte, bitte, tut ihm nichts!

Wenn wir ihn' das Licht ausdrehen,
kann kein Bürger nichts mehr sehen.
Laßt die Lampen stehn, ich bitt! –
Denn sonst spiel ich nicht mehr mit!»

Doch die Revoluzzer lachten,
und die Gaslaternen krachten,
und der Lampenputzer schlich
fort und weinte bitterlich.

Dann ist er zu Haus geblieben
und hat dort ein Buch geschrieben:
nämlich, wie man revoluzzt
und dabei doch Lampen putzt.

# Der Anarchisterich

War 'mal ein Anarchisterich,
der hatt' den Attentatterich.
Er schmiß mit Bomben um sich 'rum,
es knallte nur so: bum bum bum!

Einst kam der Anarchisterich
an einen Schloßhof fürstelich,
und unterm Rock verborgen fein,
trug er ein Bom-Bom-Bombelein.

Nach Haus kam Serenissimus,
sprach: Omnia nos wissimus! –
Und sprach viel weise Worte noch,
daß alles rings nach Weisheit roch.

Jedoch der Anarchisterich
mit seiner Bombe seitwärts schlich,
und schmiß sie Serenissimo
unter den Rockokopopo.

Und rings war alles baß entsetzt,
Durchlaucht hat sich vor Schreck gesetzt,
indes der Anarchisterich
durch eine Seitentür entwich.

Doch einer sprang beherzt herbei,
zu helfen, was zu helfen sei. –
Doch sprach enttäuscht er: Höre nur,
's war eine Bomb-onnière nur.

Rings aber lag man auf dem Knie
und heulte, jammerte und schrie,
und betete: Du lieber Gott
schlag doch den Anarchisten tot!

Drum merk dir, Anarchisterich!
Heil dich vom Attentatterich!
Kommst du zum Hofe fürstelich,
geht's fürder dir für-fürchterlich!

## Im Bruch

Fest zugeschnürt der Hosengurt.
Der Darm ist leer, der Magen knurrt.
Auf morschem Rock glänzt Fleck bei Fleck.
Darunter starrt das Hemd von Dreck.
Aus Pfützen schlürft das Sohlenloch.
Wer pumpt mir noch? Wer pumpt mir noch?
Wer pumpt mir einen Taler noch?

Kein Geld, kein Schnaps, kein Fraß, kein Weib.
In mürben Knochen kracht der Leib.
Die Nacht ist kalt. Es kratzt das Stroh.
Die Laus marschiert, es hupft der Floh.
Die Welt ist groß, der Himmel hoch.
Wer pumpt mir noch? Wer pumpt mir noch?
Wer pumpt mir einen Taler noch?

Noch einen einzigen Taler nur:
für einen Schnaps! Für eine Hur!
Für eine Hur, für eine Braut!
Das Leben ist versaut! versaut!
Nur einen Taler! Helft mir doch!
Wer pumpt mir noch? Wer pumpt mir noch?
Wer pumpt mir einen Taler noch?

# Dämmerung

Traurig ist's und jämmerlicht,
wenn der Mensch im Dämmerlicht
früh den Weg nach Hause sucht
und dabei die Welt verflucht.

Aus dem grauen Pflasterstein
grinst Verzweiflung, Laster, Pein,
und vom schwanken Lampenpfahl
flackert Aberwitz und Qual.

In des Menschen bangem Leid
stöbert die Vergangenheit, –
und er steigt voll Scham und Schmach
einer späten Hure nach.

## Die drei Gesellen

Es war einmal ein Zimmergesell,
ein arger Gesell, ein schlimmer Gesell,
der ließ kein Weib in Ruh.
Er nahm, was in den Weg ihm kam,
ob grad, ob krumm, ob heil, ob lahm,
und war's ein Holzgestell.

Sein Nachbar war ein Bäckergesell,
ein frecher Gesell, ein kecker Gesell,
und aller Mädchen Freund.
Ob schwarz, ob blond, ob rot, ob braun,
er brauchte sie nur anzuschaun,
sie kamen auf der Stell.

War beider Freund ein Brauergesell,
ein kluger Gesell, ein schlauer Gesell,
doch mocht ihn keine Maid.
Setzt er sich eine in den Kopf, –
sie hängt – verloren Malz und Hopf! –
ihm um die Narrenschell.

Und war da eine Wäschemamsell,
eine muntre Mamsell, eine fesche Mamsell,
die liebten alle drei.
Der Zimmrer hat sie sich geholt,
den Bäcker hat sie selbst gewollt,
beim Brauer lacht sie hell:

«Was fällt dir ein, du dummer Gesell,
du öder Gesell, du krummer Gesell,
wirst nimmermehr mein Mann.
Du hast ja Warzen im Gesicht
und einen Wanst, – dich mag ich nicht.
Geh heim und troll dich schnell!»

Da sprach der Brauer: «Warte, Mamsell,
du bist mir keine zarte Mamsell,
wirst doch noch meine Frau.»
Und ging nach Haus und braut ein Bier,
das wär zu stark gewesen schier
dem Teufel in der Höll.

Dem Zimmrer tät er winken: «Gesell,
komm her zu Bier und Schinken, Gesell!»
Den Bäcker rief er auch.
Drauf säuft er die zwei Freunde ein.
Verschliefen jeder drei Stelldichein
bei ihrer Wäschemamsell.

Die kam gerannt: «Ach, Brauergesell!
Ich bin gar sehr voll Trauer, Gesell!
Komm her und sei mein Schatz!»
Da liebten die beiden sich himmelhoch.
Der Zimmrer, der Bäcker, die schnarchten noch
besoffen auf ihrem Fell.

## Lumpenlied

Kein Schlips am Hals, kein Geld im Sack.
Wir sind ein schäbiges Lumpenpack,
auf das der Bürger speit.
Der Bürger blank von Stiebellack,
mit Ordenszacken auf dem Frack,
der Bürger mit dem Chapeau claque,
fromm und voll Redlichkeit.

Der Bürger speit und hat auch recht.
Er hat Geschmeide gold und echt. –
Wir haben Schnaps im Bauch.
Wer Schnaps im Bauch hat, ist bezecht,
und wer bezecht ist, der erfrecht
zu Dingen sich, die jener schlecht
und niedrig findet auch.

Der Bürger kann gesittet sein,
er lernte Bibel und Latein. –
Wir lernen nur den Neid.
Wer Porter trinkt und Schampus-Wein,
lustwandelt fein im Sonnenschein,
der bürstet sich, wenn unserein
ihn anrührt mit dem Kleid.

Wo hat der Bürger alles her:
den Geldsack und das Schießgewehr?
Er stiehlt es grad wie wir.
Bloß macht man uns das Stehlen schwer.
Doch er kriegt mehr als sein Begehr.
Er schröpft dazu die Taschen leer
von allem Arbeitstier.

Oh, wär ich doch ein reicher Mann,
der ohne Mühe stehlen kann,
gepriesen und geehrt.
Träf ich euch auf der Straße dann,
ihr Strohkumpane, Fritz, Johann,
ihr Lumpenvolk, ich spie euch an. –
Das seid ihr Hunde wert!

Gesang der Intellektuellen
*Melodie Gaudeamus igitur*

Rr-r-revolution
macht man nur mit Liebe.
Weist den Hetzer von der Schwelle
nur der Intellektuelle
kennt das Weltgetriebe.

Unsre Überlegenheit
wird euch trefflich führen.
Wählt nur uns in eure Räte,
dann wird Liebe früh und späte
eure Seelen rühren.

Lieb den Bürger, Proletar,
denn dein Bruder ist er.
Und verdienst du ihm Millionen,
mag dich das Bewußtsein lohnen:
Ihr seid ja Geschwister.

Sammelt euch zum Klassenkampf
hinter unserm Schilde.
Läßt der Bourgeois euch erhängen,
mit der Künste Zauberklängen
stimmen wir ihn milde.

Aber kommt's zum Bürgerkrieg, –
ja kein Blutvergießen!
Auf den Kolben jeder Flinte
schreibt mit roter Liebestinte:
Brüder, nur nicht schießen!

Folgt dem geistigen Führerrat
zu des Werkes Krönung.
Einerseits die rote Fahne,
andrerseits die Buttersahne
lieblicher Versöhnung.

Rr-r-revolution
macht die Herzen schwellen.
Laßt die Freiheit uns errichten
mit den lyrischen Gedichten
der Intellektuellen.

## Max Hölz-Marsch
*Melodie: Was blasen die Trompeten*

Genossen, zu den Waffen!
Heraus aus der Fabrik!
Sprung auf, marsch marsch! Es lebe
die Räterepublik!
Es leb der Kommunismus,
es lebe die Tat!
Es lebe, wer sein Leben gibt
fürs Proletariat!
Doch unser Sieg ist nah:
Max Hölz ist wieder da!
Er hält die rote Fahne hoch und schwingt sie: Hurra!

Die Handgranat' am Gürtel,
im Arme das Gewehr,
so stürmt Max Hölzens Garde
Durchs Sachsenland daher.
Der Bürger knickt zusammen.
Er sperrt den Geldschrank auf.
Hölz präsentiert die Rechnung
mit dem Pistolenlauf.
Denn unser Sieg ist nah:
Max Hölz ist wieder da!
Er hält die rote Fahne hoch und schwingt sie: Hurra!

Hier geht der rote Hahn auf,
dort donnert Dynamit.
Der Bürger macht die Hosen voll
und schwitzt um den Profit.
Die Sipo soll ihm helfen,
der Reichswehrgeneral;
die Sozibonzen zetern
Fürs heilge Kapital.
Doch unser Sieg ist nah:
Max Hölz ist wieder da!
Er hält die rote Fahne hoch und schwingt sie: Hurra!

Der Bürger schnaubt nach Rache.
Sein Geldsack ist noch stark,
wer Hölzens Kopf zerschmettert,
kriegt hunderttausend Mark.
Ihr Mörder und ihr Spitzel,
zerstört die rote Saat!
Es kämpft für seine Freiheit
Das Proletariat.
Doch unser Sieg ist nah:
Max Hölz ist wieder da!
Er hält die rote Fahne hoch und schwingt sie: Hurra!

Und muß denn gestorben sein,
Genossen, wohlan!
Wer für die Freiheit kämpfte,
Hat wohl daran getan,
Proleten, zu den Waffen!
Heraus aus der Fabrik!
Sprung auf, marsch marsch! Es lebe
die Räterepublik!
Ja, unser Sieg ist nah:
Max Hölz ist wieder da!
Er hält die rote Fahne hoch und schwingt sie: Hurra!

## Der Dichter

Hol der Teufel die ganze Schweinerei,
den Weltschmerz, die Liebe und mich dabei!
Ich sehne mich nach Höllenbrand,
nach einem turkelnden Sündenland!
Fräulein Julie! Likör, Chartreuse!
Ein Hitzbad fürs kalte Gekröse!

Fi donc! diese fröstelnde Sittenwelt!
Kein heißer Schrei, der den Frost durchgellt!
Ich hasse das klingelnde Sehnsuchtsgereim,
den feuchten, fröschernen Seelenschleim!
Fräulein Julie! Ein Kognak, vom alten,
daß die Därme nicht wieder erkalten!

Altjungfernfeixender Sonnentag!
Versüß nur dem Volk seine Werkelplag'!
Mich friert, wenn die Sonne so höflich scheint,
nicht minder, als wenn mich der Mond angreint!
Fräulein Julie, mein Magen, der Lümmel,
scheißt auf Sonne und Mond! Einen Kümmel!

Fräulein Julie, hol sie die Flasche nach vorn,
und ein größeres Glas! Prost Kümmel und Korn!
Prost, mein Leib, du Sehnsuchtstonne!
Prost Liebe! Prost Welt! Prost Sonne!
Fräulein Julie, dämliche Ziege, prost!
Hier sucht ein verliebter Dichter Trost!

Fräulein Julie, glotz sie mich nicht so an!
Hier tröstet sich ein Dichtersmann!
Fräulein Julie! Höre sie doch! Weib hör!
Wo ist mein Herz? Versäuft in Likör!
Wo ist meine Sehnsucht? Verdammt! Ich Schuft!
Fräulein Julie, schnell, ein Glas Wasser! Luft!

## Folg mir in mein Domizil

Folg mir in mein Domizil,
liebes Kind, und frag nicht viel.
Wirst schon alles lernen,
wirst schon alles sehn,
liest nicht in den Sternen,
was dir heut noch alles kann für Heil geschehn.

Stehst herum in Nacht und Wind.
Komm, bei mir ist's warm, mein Kind.
Geb dir einen Taler,
koch dir ein Glas Tee.
Einen Emmentaler
essen wir selbander auf dem Kanapee.

Bleibst bei mir bis früh am Tag.
Geht dann jeder, wo er mag.
Ich zum Redaktöre,
du, wohin dich's treib.
Morgen küßt, ich schwöre,
dich mein guter Nachbar, mich des Nachbars Weib.

## Cleo und Theo

Ewig gleich ging Cleos Leben
eheloser Einsamkeit.
Theo wohnte gleich daneben
mit der Seele, sehnsuchtsweit.
Cleo Theo sehn –
Theo Cleo sehn –
Und um beide war's sogleich geschehn.
Weh, o Cleo!
Weh, o Theo!

Beider Herzen bebten bange,
beide träumten heiß und schwer,
beide quälten sie sich lange,
beide liebten sie sich sehr.
Cleo Theo segnet –
Theo Cleo segnet,
wenn sie täglich ihm, er ihr begegnet.
Weh, o Cleo!
Weh, o Theo!

Theo hätt ihr gern gebeichtet,
daß sein Herz nach ihr begehrt;
Cleos Blick hätt' gern geleuchtet,
gerne hätt' sie ihm gehört.

Cleo Theo sehnt –
Theo Cleo sehnt –
Heiße Sehnsucht beider Los verschönt.
Weh, o Cleo!
Weh, o Theo!

Aber Theo zögert schüchtern,
ihr zu geben den Bescheid,
und auf beider Angesichtern
nagte der Entsagung Leid.
Cleo Theo scheut –
Theo Cleo scheut,
bis es beide ihrer Lieb' gereut.
Weh, o Cleo!
Weh, o Theo!

Theo wagte nichts zu sagen,
und so blieb er unvermählt.
Cleo wagte nichts zu fragen,
ob ihr Theo noch so fehlt'.
Cleo Theo mied –
Theo Cleo mied,
und von beiden alle Freude schied.
Weh, o Cleo!
Weh, o Theo!

Theo ward des Sehnens müde,
Cleo ward des Wartens satt.
Still floß eines Wassers Friede
eine Stunde vor der Stadt.
Cleo Theo floh –
Theo Cleo floh,
und im Wasser fanden sie sich so.
Weh, o Cleo!
Weh, o Theo!

Auf des Wassers dunklem Grunde,
war's zur Einigung zu spät.
Ihrer Leichen bleichem Bunde
sprachen Wellen das Gebet.
Cleo Theo küßt –
Theo Cleo küßt,
doch sie haben nichts davon gewüßt.
Weh, o Cleo!
Weh, o Theo!

## Kleiner Roman

Sie lernte Stenographin.
Er war Engros-Kommis.
Im Speisewagen traf ihn
ein Blick. Er liebte sie.

Auf einer Haltestelle
brach man die Reise ab,
woselbst er im Hotelle
sie als sein Weib ausgab.

Nicht viel, das man sich fragte.
Doch küßten sie genug.
Und als der Morgen tagte,
ging schon der nächste Zug.

Nach einer kurzen Stunde
fand ihre Fahrt den Schluß.
Er nahm von ihrem Munde
noch einen heißen Kuß.

Er sah sie schnupftuchwinkend
noch stehn zum letztenmal,
und in sein Auge blinkend
sich eine Träne stahl.

Er soll sie heut noch lieben.
Sie war so drall und jung.
Ihr ist ein Kind geblieben
und die Erinnerung.

## Amanda

Niemals ist es zu empfehlen,
daß sich eine Maid, die liebt,
ohne ihm sich zu vermählen,
einem Mann zu eigen gibt.

Hat sie aber doch verleugnet
einmal alle Konvention,
macht sie ja sich ungeeignet
vorher für der Liebe Lohn.

Denn die Männer sind doch schließlich
Leute, denen nicht zu traun,
und die Folgen sind verdrießlich
ganz alleine für die Frau'n.

Laßt euch einen Fall berichten,
wo dies klar zutage tritt,
und wer Töchter hat und Nichten,
sei durch ihn gewarnt hiemit.

Eine Maid hat er betroffen,
die stets keuschen Sinn bewies,
die das Beste ließ erhoffen,
und die nur Amanda hieß.

Doch als Leid auf Leid sich häufte,
ward zuletzt sie so bedrängt,
daß sie erst ihr Kind ersäufte
und sich selber dann erhängt.

Einem Mann nur war's gelungen,
der Verführten sich zu freun;
doch sie hat sich ausbedungen,
daß er sie zum Lohn sollt frei'n.

Und so harrte sie der Heirat,
doch als sie die Zeit fühlt nahn,
da entschwand auf einem Zweirad
jäh der saubere Galan.

Und es kam die schwere Stunde,
die sie ganz alleine fand,
wo mit kummervollem Munde
sie sich unter Schmerzen wand.

Wie die Liebe selbst beseligt,
ihre Folge tut es nicht,
und zumal, wenn unverehlicht
eine Jungfrau Kinder kriegt.

Denn die Welt find't das nicht schicklich,
und Amanda floh die Welt.
Ach, ihr Los war unerquicklich –
und besonders ohne Geld.

Ganz geheim und beistandsohne,
unter Wimmern und Gekrächz,
gab sie's Leben einem Sohne –
und zwar männlichen Geschlechts.

Ihre Stunde war vorüber,
und verhallt der grause Schrei.
Ach, sie wollte wahrlich lieber
draufgegangen sein dabei.

Erst noch war sie sehr erschüttert,
und der Tränen manche floß,
aber dann ward sie erbittert
auf den schnöden Bettgenoß,

welcher sie im Stich ließ meuchlings
ohne Geld und Unterhalt.
Wütend um den Arm des Säuglings
war Amandas Faust gekrallt.

Wovon soll ich dich nun kleiden,
und womit dich pflegen, Kind?
Sage mir, wo ich uns beiden
Bleibe, Kost und Wartung find!

Menschen, fremd und angehörig,
stoßen mich von ihrer Tür,
sagen, eine Hure wär ich.
Kind, mein Kind, was machen wir?

Doch das Kind mit bleichem Munde
schrie, jedweder Antwort bar,
was ja anders auch im Grunde
nicht wohl zu verlangen war.

Und Amanda von dem Lager
hob sich auf mit Weh und Ach,
und sie sah sich wieder mager,
doch sie war noch äußerst schwach.

Ihre Mutterlieb erwachte.
Zärtlich nahm sie auf den Arm
ihren Sprößling, küßt ihn sachte,
und preßt dann ihn an sich warm.

Und sie hüllt das Kind in Decken,
trug es an den Ort erregt,
dessen sonst zu andern Zwecken
man sich zu bedienen pflegt.

Sagte: In ein beßres Leben
sollst du jetzt, mein Liebling, gehn!
Tat ihm auch die Brust noch geben.
Rührend war es anzusehen.

In den Trichter, erst das Köpfchen,
steckte sie's – o grausig Los!
drückte dann aufs Messingknöpfchen,
bis das Wasser sich ergoß.

Und sie sah in tausend Ängsten,
wie sich's durch den Trichter wand.
Einen Zeh sah sie am längsten,
bis auch der zuletzt verschwand.

Einmal hörte sie's noch glurksen,
dann ward's stille nach und nach –
und um selbst sich abzumurksen,
ging sie in ihr Schlafgemach.

Denn in ihrem großen Kummer
wollt sie sterben ebenfalls,
und so legt sie sich zum Schlummer
eine Schlinge um den Hals.

Als man sie des Morgens weckte,
fand man sie als Leichnam nur.
Aber wo der Säugling steckte,
davon fand man keine Spur.

Also starb Amanda Klopfer
– dieses war ihr Vatersnam, –
sie, die als der Liebe Opfer
um ihr bißchen Leben kam.

Schuld an ihrem Mißgeschicke
hatte auch die Konvention,
und zumal in seiner Tücke
ihr Galan, der Schandpatron.

Und das Geld, das schon so viele
hoffnungsvolle Leben fraß,
war auch wieder hier im Spiele,
weil sie eben keins besaß.

Wär Amanda eine reiche
Dame, hätt' sie der gefreit,
und des Kinds und ihre Leiche
lebten sicherlich noch heut.

Meta und der Finkenschafter


Herr Kunze stand als Hausverwalter
in Lohn bei einem Häuserwirt,
und seine Tochter in dem Alter,
wo so ein Mädchen liebend wird.

Er war ein Witmann, sie war Waise,
seitdem Frau Kunze jüngst entschlief;
sie teilten sich ihr Amt, wenn leise
des Nachts des Hauses Klingel rief.

Doch nach und nach ergab Herr Kunze
sein Witwerherz dem Alkohol
und überließ die Pförtnerfunze
der Tochter samt des Hauses Wohl.

Er schlief so fest als wie ein Igel;
doch Meta, denn so hieß das Kind,
schob treu besorgt des Tores Riegel
für Herrschaft sowie Hausgesind.

Erst fünfzehn und noch unerfahren
erwuchs sie neben dem Portal.
Herr Kunze meint: in ihren Jahren
hat's Zeit noch, sie erfährt's schon mal.

Und sie erfuhr's nur wenig später,
und, wie so oft, auf schlimme Art.
Die Mütter sterben, und die Väter
versaufen Pflicht und Gegenwart.

Es wohnte dort in Aftermiete
im Bodenstübchen ein Student,
ein Finkenschafter, Halbsemite,
rothaarig, mit Kritiktalent.

Der hatte einmal schon beim Scheuern
das gute Mädchen angegrinst.
Doch deucht ihn, nächstens zu erneuern
die Freundlichkeiten, sei Gewinnst.

Nun hatt' er freilich zu dem Schlosse
den Schlüssel, so wie jedermann
als zahlungsfähiger Hausgenosse
ein solches Möbel fordern kann.

Doch einst in seines Nachttischs Lade
vergaß er ihn mit Vorbedacht,
trank mit den Finken Limonade
und redete die halbe Nacht.

Er sprach von den sozialen Pflichten,
verwarf den Zweikampf voller Hohn,
und ihm begeistert beizupflichten,
versäumte kein Kommiliton.

Dann trennt man sich mit Händedrücken,
auch unser Studio ging nach Haus,
und unterwegs sann er die Tücken,
die ihn beseelten, einzeln aus.

Dann riß er an des Hauses Glocke
um fünf Minuten nach halb drei,
und Meta kam im Unterrocke,
zu sehn, wer es so spät noch sei.

«Verzeihn Sie», so begann der Bube,
«die Störung, teuerste Mamsell.
Denn ich vergaß in meiner Stube
versehentlich den Hausschlüssell.»

Und während er die Zähne fletschte
aus falscher Liebenswürdigkeit,
nahm er den rechten Arm und quetschte
ihn um den Leib der jungen Maid.

Zwar wehrte sie sich erst des Bösen,
doch zog er ein Fünfmarkstück vor,
begann ihr vorn das Hemd zu lösen
und küßte sie aufs linke Ohr.

Nun könnte man mit Recht erwarten,
er trüg sie in sein Kabinett.
Spielt dort sein Spiel mit offnen Karten
ein ehrlich Liebesspiel im Bett.

Dann hätte sie mit fünfzehn Jahren
geliebt, und das ist nicht zu jung,
und tät ihm ewiglich bewahren
die dankbarste Erinnerung.

Jedoch der rote Finkenschafter
zog sie im Hausflur nackend aus
und riß aus einem Brennholz-Klafter,
der dalag, einen Scheit heraus.

Den ließ er lichterloh entflammen,
und selbst entblößt – so gut wie ganz –
vollführt er mit dem Kind zusammen
um diese Fackel einen Tanz.

Dann rief er aus: «Ist dieser Fetisch
nicht edler als die Sinnenlust?
Mein Kind, o bleibe stets ästhetisch!»
Und griff ihr an die weiße Brust.

Und ohne ihr Gefühl zu kennen,
löscht er die Glut, die er entfacht,
ließ nur den Scheit zu Ende brennen
und wünscht ihr trocken gute Nacht.

Doch Meta blieb zurück und weinte,
und staunte dessen, was sie sah;
sie wußte nichts, wiewohl sie meinte,
daß nicht genug mit ihr geschah.

Dann nahm sie ihre paar Gewänder
und ging zu Bett, doch schlief sie nicht.
Sie dachte nur an ihren Schänder
und an sein rotes Bocksgesicht.

Besudelt blieb ihr ganzes Leben,
vergiftet war ihr reiner Sinn,
sie wollt sich nur ästhetisch geben
und wurde Frauenrechtlerin.

Nur einmal hatte sie für Liebe
fünf kümmerliche Mark erwischt,
doch waren dabei ihre Triebe
mit dem Scheit Holze aufgezischt.

O kommt mir nicht mit euerm keuschen
ästhetisch lüsternen Gegrein.
Ein liebes Mädchen zu enttäuschen,
vermag in Wahrheit nur ein Schwein.

# II
# Die hohen Türme
# haben mich gegrüßt

Stationen einer Wanderschaft

## Was ich besessen

Was ich besessen –
wie könnt ich's vergessen?
Was ich verlor –
wie könnt ich's ermessen?
Was du mir gegeben –
wie könnt ich es fassen?
Ich will dich nicht lassen.
Ich hebe mein Leben,
zu dir empor.

# Heimat

Die hohen Türme haben mich gegrüßt,
die über meinen Kinderträumen ragten,
und ihre unbewegten Mienen fragten,
wie ich des Lebens wachen Ernst verbüßt.

Des Waldes Blätter haben mir gerauscht,
wo meine Schmerzen erste Reime fanden.
Ich habe ihre Frage wohl verstanden:
ob ich beglücktes Dichten eingetauscht.

Doch, als ich kam zu meines Meeres Flut,
da stürmten alle Wellen, mich zu grüßen,
und drängten zärtlich sich zu meinen Füßen
und fragten nichts. – Da war mir frei und gut.

## Dies ist der Erde Nacht

Dies ist der Erde Nacht,
und Regen fällt hernieder.
Ich habe meine Lieder
und Taten nicht vollbracht.

Die Welt ist voll Verdruß.
Kein Stern scheint meinem Wege.
Wenn ich mich niederlege,
erwartet mich kein Kuß.

Rings schlafen weit im Kreis
die Menschen frei von Qualen.
Die ersten Sonnenstrahlen
erwecken Not und Schweiß.

Vielleicht zeigt mir ein Traum
mein Glück und das der Erde.
Ob er je Wahrheit werde, –
ich wag's zu hoffen kaum.

Wollte nicht der Frühling kommen?


Wollte nicht der Frühling kommen?
War nicht schon die weiße Decke
von dem Rasenplatz genommen
gegenüber an der Ecke?
Nebenan die schwarze Linde
ließ sogar schon (sollt ich denken)
von besonntem Märzenwinde
kleine, grüne Knospen schwenken.
In die Herzen kam ein Hoffen,
in die Augen kam ein Flüstern,
und man ließ den Mantel offen,
und man blähte weit die Nüstern . . .
Ja, es waren schöne Tage.
Doch sie haben uns betrogen.
Frost und Sturm und Schnupfenplage
sind schon wieder eingezogen.
Zugeknöpft bis an den Kiefer
flieht der Mensch die Gottesfluren,
wo ein gelblichweißer, tiefer
Schnee versteckt die Frühlingsspuren.
Sturmwind pfeift um nackte Zweige,
und der Rasenplatz ist schlammig.
In mein Los ergeben neige
ich das Auge. Gottverdammich!

An dem kleinen Himmel meiner Liebe


An dem kleinen Himmel meiner Liebe
will – mich dünkt – ein neuer Stern erscheinen.
Werden nun die andern Sterne weinen
an dem kleinen Himmel meiner Liebe?

Freut euch, meine Sterne, leuchtet heller!
Strahlend steht am Himmel, unverrücklich,
eures jeden Glanz und macht mich glücklich.
Freut euch, meine Sterne, leuchtet heller!

Kommt ein neuer Stern in eure Mitte,
sollt ihr ihn das rechte Leuchten lehren.
Junge Glut wird euer Licht vermehren,
kommt ein neuer Stern in eure Mitte.

An dem kleinen Himmel meiner Liebe
ist ein Funkeln, Glitzern, Leuchten, Sprühen.
Denn ein neuer Stern beginnt zu glühen
an dem kleinen Himmel meiner Liebe.

## Kracht der Topf in Scherben

Kracht der Topf in Scherben,
fliegt er auf den Dung.
Menschlein, du mußt sterben,
bist du noch so jung.
Blumen müssen welken,
und die Kuh verreckt,
die wir heut noch melken,
daß der Eimer leckt.
Steine selbst zerfallen,
Länderspur verwischt.
Ton und Klang verhallen,
und das Licht erlischt.
Welten gehn in Stücke
ohne Rest und Spur.
Ewig lebt die Tücke,
lebt das Unheil nur.

## Der Torbogen

Dunkel und schwer quer über die Gasse
wölbt sich ein Bogen von Dach zu Dach,
stützt mit den Schultern die bröcklige Masse
bresthafter Häuser aus Mörtel und Fach.

Schwarz aus des Fensters gespenstischen Gittern
glotzt von des Torbogens Stirne die Nacht,
wirft mit Schatten, die züngelnd zittern,
höhnt den furchtsamen Wind und lacht;

knetet aus Finsternis grinsende Fratzen,
stößt sie den Menschen zum Schornstein hinein,
daß sie sich lagern auf ihre Matratzen
und sich umfassen mit kaltem Gebein.

Mann und Weib flüchten näher zusammen,
bannen die Angst in verzweifeltem Kuß . . .
Kinder werden von ihnen stammen,
die der Torbogen hüten muß.

## Hinter den Häusern heult ein Hund

Hinter den Häusern heult ein Hund.
Denn die Schatten der Nacht sind bleich und lang;
und des Meeres Herz ist vom Weinen wund;
und der Mond wühlt lüstern im Tang.

Durch Morgennebel streicht hastig ein Boot,
die Segel schwarz, wie vom Tod geküßt.
Die Flut faucht salzig näher und droht . . .
Bang knarrt der Seele morsches Gerüst.

## Spiel nur, lustiger Musikante

Spiel nur, lustiger Musikante,
spielst du auch verkehrt.
Wer sein bißchen Glück nicht bannte,
war sein Glück nicht wert.

Streiche nur den Fiedelbogen
über deinen Baß.
Wem sein bißchen Glück verflogen,
merkt, daß er's besaß.

Fiedle, daß die Saiten springen
samt dem Instrument.
Glück läßt sich nicht wiederbringen,
wenn's von dannen rennt.

## Aufforderung zum Tanz

Hopla, hopla, hop – juhö!
Um die Wette mit die Flöh!
Um die Wette mit die Wanzen!
Hopla, Schickse, laß uns tanzen!

Hopla, hopla, hop – juhei!
Flöh und Wanzen in die Reih!
Und die Beine in die Luft!
Hopla, Schickse, das ist duft!

Hopla, hopla, hop – juhu!
Hopla, komm doch, Rindvieh du!
Kunde, Schickse, Floh und Wanz!
Hopla, hop – das ist ein Tanz!

## Lerchen schmettern mir den Morgengruß

Lerchen schmettern mir den Morgengruß,
und die laue Luft ist voll Gesang,
und voll Hoffnung setz ich meinen Fuß
schnell ins Feld. Aber über mir bang
schwirrt ein Ton,
wie von Menschennot und Menschenqual,
wie von Menschenwerk um Brot und Lohn,
und es hämmert, klagt und klirrt wie Stahl.
Und mir ist, als summte in mein Ohr
wüste Hast und wirres Menschgetriebe,
und dazwischen klingt's ganz leise vor
wie ein ferner, ferner Gruß der Liebe.
Ob ich ihrem Anblick auch entwich,
nimmer flieh ich Menschenwort und -tat.
Meinen ganzen Weg begleitet mich
tönend dieser Telegraphendraht.

## März

Der Nachtschnee färbt die Straße blau.
Schwarz wächst der Wald am Weg empor,
streckt kahles Ästewerk hervor
wie drohende Wehr aus Feindesbau.

Wer hat den feuchten Schnee gehäuft?
Wer hat den Himmel grau verdeckt?
Wer hat den irren Fuß geschreckt,
daß er in lauernde Ängste läuft?

Das ist der März: der drückt und droht.
Das ist die Schwangerschaft der Welt.
Das ist, vom Frühlingsdunst zerspellt,
des Winters röchelnde Sterbensnot.

## Jeden Abend werfe ich

Jeden Abend werfe ich
eine Zukunft hinter mich,
die sich niemals mehr erhebt,
denn sie hat im Geist gelebt.
Neue Bilder werden, wachsen;
Welten drehn um neue Achsen,
werden, sterben, lieben, schaffen.
Die Vergangenheiten klaffen.
Tobend, wirbelnd stürzt die Zeit
in die Gruft. Das Leben schreit!

65

## Mein Gefängnis

Auf dem Meere tanzt die Welle
nach der Freiheit Windmusik.
Raum zum Tanz hat meine Zelle
siebzehn Meter im Kubik.

Aus den blauen Himmeln zittert
Sehnsucht, die die Herzen stillt.
Meine Luke ist vergittert
und ihr dickes Glas gerillt.

Liebe tupft mit bleichen leisen
Fingern an ein Bett ihr Mal.
Meine Pforte ist aus Eisen,
meine Pritsche hart und schmal.

Tausend Rätsel, tausend Fragen
machen manchen Menschen dumm.
Ich hab eine nur zu tragen:
Warum sitz ich hier? Warum?

Hinterm Auge wohnt die Träne,
und sie weint zu ihrer Zeit.
Eingesperrt sind meine Pläne
namens der Gerechtigkeit.

Wie ein Flaggstock sind Entwürfe,
den ein Wind vom Dache warf.
Denn man meint oft, daß man dürfe,
was man schließlich doch nicht darf.

Sei's in Jahren, sei's schon morgen

Sei's in Jahren, sei's schon morgen,
daß das Glück sich wende:
einmal nehmen Leid und Sorgen
sicherlich ein Ende.

Mensch, vertraue deinem Wollen,
wirk es aus zu Taten!
Ströme fließen, Wolken rollen,
Frucht entkeimt den Saaten.

Über Nöten und Gefahren
wird die Freude thronen –
sei's schon morgen, sei's in Jahren
oder in Äonen.

# III
# Es kräht der Hahn
# auf seinem Mist

## Kleine Brettl-Poesien

## Es stand ein Mann am Siegestor

Es stand ein Mann am Siegestor,
der an ein Weib sein Herz verlor.
Schaut sich nach ihr die Augen aus,
in Händen einen Blumenstrauß.
Zwar ist dies nichts Besunderes.
Ich aber – ich bewunder es.

Disput

Es kräht der Hahn auf seinem Mist.
Als Kanzelredner wirkt der Christ.
Auch äußert sich der Atheist.

Der Prediger betet früh und spät.
Der andre glaubt ihm nicht und schmäht.
Der Hahn steht auf dem Mist und kräht.

Der fromme Christ führt Gott im Mund,
der Atheist den Schweinehund.
Vom Mist der Hahn kräht Stund um Stund.

Der Christ hat einen Fluch getan.
Der Atheist denkt: Zahn um Zahn! . . .
Ich halt es mit dem Gockelhahn.

## An einen Straßenkehrer

Du schippst mit deinem Schauferl
zuhauf den Pferdemist,
der grad von einem Schnauferl
zu Brei zerrieben ist.

Dann mischst du ihn im Rinnstein
zu Dreck mit feuchtem Staub.
Was trägt dir für Gewinnst ein
so frecher Straßenraub?

Damit du selbst kannst kratzen
dir Schweinefett aufs Brot,
darum treibst du die Spatzen
in bittre Hungersnot?

## Ein Entschluß

Als ich dich fragte: Darf ich Sie beschützen?
Da sagtest du: Mein Herr, Sie sind trivial.
Als ich dich fragte: Kann ich Ihnen nützen?
Da sagtest du: Vielleicht ein andres Mal.
Als ich dich bat: Ein Kuß, mein Kind, zum Lohne!
Da sagtest du: Mein Gott, was ist ein Kuß?
Als ich befahl: Komm mit mir, wo ich wohne!
Da sagtest du: Na, endlich ein Entschluß!

## Gebt mir Schnaps

Gebt mir Schnaps, nach dem meine Seele lechzt!
Gebt mir Schnaps, nach dem meine Kehle krächzt!
Daß sich Friede an meine Schuhe binde!
Daß die verfluchte Qual endlich Ruhe finde!
Wie es mir durch die Kehle gluckt!
Wie es mir in der Seele juckt!
Ich will kein Bier; ich will keinen Wein!
Schnaps will ich! Schnaps will meine Pein!
Verliebter Igel, sauf! sauf! sauf!
Morgen wacht alle Qual wieder auf . . .
Gebt mir Schnaps!

## Tragödie

Ein Automobil-Kabriolett,
vorn gelb und hinten violett,
fuhr durch die Straßen einer Ortschaft,
wo man grad' einen Leichnam fortschafft'.

Der Trauerzug bedächtiglich,
mit Kränzen schwer und prächtiglich,
folgt' weiheschwankend hinterm Leichnam,
den Gott, der Herr, ins ewige Reich nahm.

Mit Weihe weniger beschwert,
kam angerast das Kraftgefährt
und brachte mit beschwingtem Pralle
die Träger samt dem Sarg zu Falle.

Es krachten knirschend alle Knochen;
Bein, Arm und Schädel lag zerbrochen;
es quoll das Eingeweid' der Leiche
spiralig um die Wagenspeiche –
und über den Entschlafenen hin
ergoß sich penetrant Benzin.

Doch jammernd schrie des Toten Braut: «Oh,
Geliebter!» – warf sich unters Auto –
und an dem Rad, das weiterschnurrt',
zerbrach sie überm Lendengurt . . .

Ein Künstling kam des Weges g'rade,
stellt sich vor eine Hausfassade
und packte in ein Instrument
den stimmungsrührenden Moment.
Nun lebt er, ohne Stank noch Wort,
im Kinematographen fort.

## Psychologen

Ach, ihr Seelendreher,
ach, ihr Geisterseher,
kluge Psychologen!
Euch kommt angeflogen,
was wir nie ergründen:
unsre dunkeln Sünden,
unser Weh und Ringen,
unser Träumen, Singen,
unser Kämpfen, Gären
wißt ihr zu erklären.
Ihr kennt wohl Bescheid
tief in unserm Leid.
Ängsten uns die Hexen,
sprecht ihr von Komplexen.
Starren aus den Ecken
Fratzen, die uns schrecken,
Quält uns Gott und Satan,
Gleich rückt euer Rat an,
und prophetisch-pythisch,
psychoanalytisch
sucht ihr krumm und grade
unsre Seelenpfade.

Eure Worte alle
sind die Mausefalle,
uns mit Speck und Brocken
aus uns selbst zu locken.
Eure Lehrergesten
sollen die Gebresten
unsrer Seelen meistern. –
Dringt mit euern Geistern,
seid ihr noch so weise,
nicht in unsre Kreise!
Haltet euch bescheiden
hinter unsern Leiden!
Schleicht nicht wie die Diebe
uns in Haß und Liebe!
Sonst kann sich's begeben,
daß wir uns beleben,
daß sich unsre Hemmung,
Sperrung und Beklemmung
plötzlich eurer wehrt
und euch fliegen lehrt,
werte Psychologen,
in graziösem Bogen.

## Liebesweisheit

Jeden packt einmal die dicke Liebe,
packt einmal die feiste Leidenschaft;
und sie dauert, bis zu dem Betriebe
eines Tags der heilige Fleiß erschlafft.
Mit der Tatkraft schwindet die Begeistrung,
Schwer- und Weh- und Übermut entschwebt,
trotz der schämigen Gefühlsverkleistrung,
welcher die Gewohnheit sich bestrebt.
Kritisiert wird, wo man sonst geschmachtet;
die Figur, der Zuschnitt des Gewands
wird mit nörgelndem Verdruß betrachtet –
des bislang geliebten Gegenstands.
Auch der Spendereifer ist geschwunden:
Früher war ein liebreiches Geschenk

mit entzücktem Opferstolz verbunden;
heute schmerzt es nur im Handgelenk.
Und die Hand, die sonst in weichen Wellen
glättend hinfuhr, wo sich zeigt ein Weh,
legt sich neuerdings in solchen Fällen
schwer und wuchtig auf das Portemonnaie.
Freund, hat dich gepackt die dicke Liebe,
und erfüllt dich feiste Leidenschaft,
prüfe wohl, wann dir zu dem Betriebe
eines Tags der heilige Fleiß erschlafft.
Denn das ist die gottgewollte Stunde,
abzuschließen mit entschlossenem Schnitt,
wo als neuer Mensch zum ewigen Bunde
mit der Frau man zum Altare tritt.

## Symbole

Mein Gemüt brennt heiß wie Kohle –
Könnt' ich's doch durch Verse kühlen!
Ach, ich berst' fast von Gefühlen,
doch mir fehlen die Symbole.
Weltschmerz, banne meine Nöte!
Weltschmerz, den so oft ich reimte.
Tückisch greint die abgefeimte,
schleimig-weinerliche Kröte.
Laster, die mich erdwärts leiten,
gebt mir Verse, zeigt mir Bilder!
Satan lacht, und läßt nur wilder
Höllen mir vorüberreiten.
Helft denn ihr, soziale Tücken!
Mußt'durch euch ich viel verzichten –
Seid auch Spender! Laßt mich dichten!

Doch sie stechen nur wie Mücken.
In des Monds verfluchtem Scheine
such' ich und im Alkohole;
alles quält mich; doch Symbole,
ach, Symbole find' ich keine.
Aus. Vorbei. – Ich war ein Dichter. –
All mein Sehnen, all mein Hassen
ist vom Genius verlassen. –
Leben, zeig mir neue Lichter! . . .
Mag mich denn die Liebe trösten,
Mutter meiner besten Schmerzen.
Strahlend stehn in tausend Kerzen
die Symbole, die erlösten.

## Gebrauchsanweisung für Literaturhistoriker

Glaubt ihr mich wert, für künftige Studenten
im Namensalmanach «Wer war's?» vermerkt zu stehn –
ich lächle schon – doch mag's geschehn:
die Manen zehren gern von Ruhmensrenten.
Laßt die Magister literarischer Seminare
der Verse Rhythmen metrisch spalten,
Symbol-Metaphern unters Prisma halten
und Rühmens machen von der Dichterware,
die Zeugnis gibt poetischen Charakters,
wie sie teils griechisch-schlicht, teils in getragner
                                              Gotik
serviert wird, – wenn auch leider die Erotik
oft recht obszön scheint, daß so leicht nichts Nackters
sich findet in der deutschen Lit'ratur;
dies ist betrüblich, andrerseits
lockt doch auch dieser Muse Formenreiz
und führt bisweilen gar auf ernster Liebe Spur.
Da sieht man, wie aus Herzverdruß
sich des Poeten echte Seufzer ringen,
beziehungsweise, wie Humore schwingen
(zwar häufig bittre) aus der Liebe Ungenuß.
So mag, was mein intimes Sein bewegte,
bei Hörern und bei Hörerinnen,
mein Lieb- und Leiden Sympathie gewinnen,
wie auch, daß mir der grelle Mondschein Furcht
                                              erregte . . .

Nun aber räuspern sich die Professoren:
De mortuis nihil nisi bene!
Doch – tief bedauerlich – es geben jene
ein Quantum wieder meines Ruhms verloren:
Der Dichter, von des Tages Eitelkeit verblendet,
hat manchmal sein beachtliches Talent
– kopfschüttelnd rügt es der Privatdozent –
auch an der Gosse Mobinstinkt verschwendet
und hat in solchen trüben Sphären
mit übeln Kampfgesängen Triebe aufgerührt,
die, hätte sie die Hetze nicht verführt,
dem Bürger nie zur Pein geworden wären . . .
Statt poesievoll alle Menschen zu versöhnen,
schürt er – dies hüllt sein Licht in Schatten –
den Haß des Hungerpöbels auf die Satten,
die Kunst entweihend mit politischen Tönen.
So traf – der Wahrheit sei die Ehre! –
ihn, den wir gern als Zierde des Parnasses nennten
– und ein umflorter Blick streift die Studenten –,
die Strafe der Justiz mit wohlverdienter Schwere.
In den Annalen der politischen historia
wird drum, als Schädling unsres Staats,
der Name aufbewahrt, – der eines Herostrats;
ein Warnungsmal: sic transit mundi gloria!

Hingegen wir, wir unpolitischen Ästheten,
wir kennen und verdammen freilich seine Schmach –
doch unser Musenalmanach
vermerke immerhin den lyrischen Poeten . . .
Soll das der Nachruhm sein, der mir beschieden?
Es sei: Mein Name gilb in Listen
form- und gemütbegeisterter Seminaristen,
mit einem Schandkreuz angemerkt. Ich bin's
                                    zufrieden.
Sonst sei er ausgelöscht im Weltgedächtnis.
Auch sei, was ich von Mond und Mädchen je
                                    gedichtet,
für Dissertationen im Archiv geschichtet:
das Tote ist dem Leben kein Vermächtnis!
Doch, blieb aus meinem Freiheitsruf ein Reim,
ein einziger, lebendig bei Rebellen,
gelang ein Wort mir, Dumpfheit zu erhellen,
so kehr mein Name gern zum Lethe heim.
Denn: färbt ein weißes Blütenblatt sich rot
vom Blute meiner Leidenschaft –
ein einziges auf dem Feld, wo junge Kraft
den Sieg erkämpfen soll, – so ist mein Werk nicht tot!
Es lebt im Hauche, den es stärkend trug
zum Kampf der Jugend. Name nicht, noch Wort,
der Geist, der wirkende, lebt fort!
Darf meiner Freiheit wirken, ist's mir Ruhm genug.

Was ist der Mensch?


Was ist der Mensch? Ein Magen, zwei Arme,
ein kleines Hirn und ein großer Mund,
und eine Seele – daß Gott erbarme!

Was muß der Mensch? Muß schlafen und denken,
muß essen und feilschen und Karren lenken,
muß wuchern mit seinem halben Pfund.
Muß beten und lieben und fluchen und hassen,
muß hoffen und muß sein Glück verpassen –
und leiden wie ein geschundner Hund.

Weiter, weiter, – unermüdlich


Weiter, weiter, unermüdlich!
Westlich, östlich; nördlich, südlich.
Suche, Seele, suche!
Suche nur, kannst doch nichts finden!
Sonnen strahlen, Sonnen schwinden.
Fluche, Seele, fluche!

Nördlich, südlich; westlich, östlich.
Such das Glück. Das Glück ist köstlich.
Suche, Seele, suche!
Suche, daß die Sterne stieben!
Wird dich doch die Welt nicht lieben.
Fluche, Seele, fluche!

Südlich, nördlich; östlich, westlich,
Himmel, Erde, schmuck und festlich.
Suche, Seele, suche!
Schönheit, Freuden, Räusche, Frieden
sind dir, Seele, nicht beschieden.
Fluche, Seele, fluche!

Mit dem Fahrschein bahnbehördlich
westlich, östlich; südlich, nördlich.
Suche, Seele, suche!
Siehst dein Glück vorübertreiben
hinter Schnellzugsfensterscheiben.
Fluche, Seele, fluche!

# Rendezvous

Ich bin verdammt zu warten
in einem Bürgergarten
auf das geliebte Weib.
Nun sitz ich hier als Beute
gewissenloser Leute
mit breitem Unterleib.

Sie sind so froh beim Biere,
bald zwei, bald drei, bald viere,
und reden vom Geschäft.
Die Gattin spricht vom Hause,
die Töchter trinken Brause,
und Flock, das Hündchen, kläfft.

Die Kellnerinnen schwirren.
die Tischgeschirre klirren,
Der Himmel scheint so blau.
Wie süß ist's doch zu warten
in einem Bürgergarten
auf die geliebte Frau.

Illusion

Meine Straße mir entgegen
ist heut eine Frau gegangen,
deren Tragen und Bewegen
all mein Sinnen hält umfangen.

Was ich liebend je gepriesen,
wenn ich kurzes Glück genossen,
alle Pracht schien mir in diesen
schlanken Körper eingegossen.

Sichrer Schritt auf graden Beinen,
hohe Schultern, schmaler Rücken.
In den Augen trocknes Weinen
und verhaltenes Entzücken.

Eh' sie meinem Blick entschwände,
folgt ich lange ihren Spuren,
und dann formten meine Hände
ihre herrlichen Konturen

aus der Luft, bis ich verloren
heimging, voll von allem Süßen,
ihren Duft in meinen Poren,
ihren Gang in meinen Füßen.

Daß sie doch noch einmal käme!
Dann will ich sie knieend fragen,
ob sie mich zum Gatten nähme, –
und sie wird «Sie Esel!» sagen.

## Hundert wunderdunkle Wolken

Hundert wunderdunkle Wolken
wölben sich als Himmelshülle
über düstre Frühlingsnacht.
Winde zischen in die Stille.
Eine innige Dichterstimmung!
Aber meine Galle lacht.

## Heimweg

Mein Heimweg ist nicht lang.
Er läßt mir grade Zeit
zu einem Lobgesang
auf meine Tüchtigkeit.
Ich saß beim Alkohol
und schwätzte angenehm
von Kunst und Menschenwohl:
ich weiß nicht mehr zu wem.
Jetzt aber geh ich heim
und lobe meinen Fleiß,
der stets mit einem Reim
sich zu bestätigen weiß.

## Alles habe ich gekostet

Alles habe ich gekostet:
Liebe, Kampf und süßen Wein.
Doch nun ist mein Beil verrostet
und haut nirgends mehr darein.
Und am Boden liegt zerschlagen
meines guten Trunks Pokal,
und der Liebsten Augen sagen:
Lieber Freund, es war einmal. –
Dank euch, freundliche Symbole,
ihr gebart mir dies Gedicht.
Aber zu der Schießpistole
greife ich noch lange nicht.

# IV
# Aus Dur wird Moll,
# aus Haben Soll

Streiflichter aus dem «Vaterland»

## Erziehung

Der Vater zu dem Sohne spricht:
Zum Herz- und Seelengleichgewicht,
zur inneren Zufriedenheit
und äußeren Behaglichkeit
und zur geregelten Verdauung
bedarf es einer Weltanschauung.
Mein Sohn, du bist nun alt genug.
Das Leben macht den Menschen klug,
die Klugheit macht den Menschen reich,
der Reichtum macht uns Herrschern gleich,
und herrschen juckt uns in den Knöcheln
vom Kindesbein bis zum Verröcheln.
Und sprichst du: Vater, es ist schwer.
Wo nehm ich Geld und Reichtum her?
So merk: Sei deines Nächsten Gast!
Pump von ihm, was du nötig hast.
Sei's selbst sein letzter Kerzenstumpen –
besinn dich nicht, auch den zu pumpen.
Vom Pumpen lebt die ganze Welt.
Glück ist und Ruhm auf Pump gestellt.
Der Reiche pumpt den Armen aus,
vom Armen pumpt auch noch die Laus,
und drängst du dicht nicht früh zur Krippe,
das Fell zieht man dir vom Gerippe.
Drum pump, mein Sohn, und pumpe dreist!
Pump anderer Ehr, pump anderer Geist.

Was andere schufen, nenne dein!
Was andere haben, steck dir ein!
Greif zu, greif zu! Gott wird's dir lohnen.
Hoch wirst du ob der Menschheit thronen!

O Mitmensch, willst du sicher sein


O Mitmensch, willst du sicher sein
in deinem Treiben und Getue,
so schau in Nachbars Kämmerlein,
in Nachbars Bett, in Nachbars Truhe.
Und wie er's hält und wie er's macht,
richt deinen Wandel ein desgleichen,
auf daß der Nachbar in der Nacht
getrost darf in dein Zimmer schleichen.
So wirst du in der Sympathie
der Zeitgenossen wohl bestehen,
und niemand braucht als Schweinevieh
und Lumpen scheel dich anzusehen.
Nur das Besondere mißfällt,
das Eigne und Originale.
Ein kluger Mitmensch aber hält
sich allezeit an das Normale.

# Bürgers Alpdruck

Was sinnst du, Bürger, bleich und welk?
Hält dich ein Spuk zum Narren?
Nachtschlafend hörst du im Gebälk
den Totenkäfer scharren.
Er wühlt und bohrt, gräbt und rumort
und seine Beine tasten
um Säcke und um Kasten.

Horch, Bürger, horch! Der Käfer läuft.
Er kratzt ans Hauptbuch eilig.
Nichts, was du schwitzend aufgehäuft,
ist seinen Fühlern heilig.
Der Käfer rennt. Der Bürger flennt.
In bangen Angstgedanken
fühlt er die Erde wanken.

Ja, Bürger, ja – die Erde bebt.
Es wackelt deine Habe.
Was du geliebt, was du erstrebt,
das rasselt jetzt zu Grabe.
Aus Dur wird Moll, aus Haben Soll.
Erst fallen die Devisen,
dann fällst du selbst zu diesen.

Verzweifelt schießt die Bürgerwehr
das Volk zu Brei und Klumpen.
Ein Toter produziert nichts mehr,
und nichts langt mehr zum Pumpen.
Wo kein Kredit, da kein Profit.
Wo kein Profit, da enden
Weltlust und Dividenden.

Hörst, Bürger, du den Totenwurm?
Er fährt durch Holz und Steine,
und sein Geraschel weckt zum Sturm
des Leichenvolks Gebeine.
Ein Totentanz macht Schlußbilanz
und schickt dich in die Binsen
samt Kapital und Zinsen.

## Weihnachten

Nun ist das Fest der Weihenacht,
das Fest, das alle glücklich macht,
wo sich mit reichen Festgeschenken
Mann, Weib und Greis und Kind bedenken,
wo aller Hader wird vergessen
beim Christbaum und beim Karpfenessen;
und groß und klein und arm und reich,
an diesem Tag ist alles gleich.
So steht's in vielerlei Varianten
in deutschen Blättern. Alten Tanten
und Wickelkindern rollt die Zähre
ins Taschentuch ob dieser Märe.
Papa liest's der Familie vor,
und alle lauschen und sind Ohr . . .
Ich sah, wie so ein Zeitungsblatt
ein armer Kerl gelesen hat.
Er hob es auf aus einer Pfütze,
daß es ihm hinterm Zaune nütze.

Kalender 1912

Januar:
Das Jahr beginnt um Mitternacht,
wenn Luft und Land vor Kälte kracht.
Der Mensch grüßt froh den Neujahrstag
und ahnt doch nicht, was kommen mag.

Februar:
Der Sturm zerbricht den kahlen Ast.
Auf tobendem Meere birst der Mast.
Eis treibt zum Meer, Schnee stürzt zu Tal.
Die Menschen feiern Karneval.

März:
Die Welt erwacht aus Wintersnot.
Wild kämpft das Leben mit dem Tod.
Im Freiheitssehnen schwillt das Herz.
Der Mensch erfleht sein Heil vom März.

April:
Heut Regen, Wind und Hagelschlag
und morgen strahlender Sonnentag.
Der Menschheit Schicksal muß geschehn
durch Kreuzigung und Auferstehn.

Mai:
Zur Paarung drängt's die Kreatur,
und neuer Samen schwängert die Flur,
verkündend schwebt der heilige Geist
zum Menschen, der dies Liebe heißt.

Juni:
Das Licht der langen Tage glänzt
auf grüne Lande bunt bekränzt.
Im warmen Sonnenschein gerät,
was für den Herrn der Knecht gesät.

Juli:
Die Luft liegt glühend überm Land.
Dumpf gähnt der Himmel im Sonnenbrand.
Die Berge und die Wasser ruhn, –
Der Mensch muß seine Arbeit tun.

August:
Gewölk reißt donnernd und zündend entzwei.
Gelähmte Lüfte atmen frei.
Sternschnuppen fahren den Himmel entlang.
Der Herr der Erde nur seufzt im Zwang.

September:
Der Boden saugt neuen Regen ein.
Die Saat trägt Früchte. Es reift der Wein.
Was weise Allmacht den Menschen gab,
der Reiche nimmt es dem Armen ab.

Oktober:
Der Herbst folgt der Natur Gebot.
Die Blätter färben sich gelb und rot.
die Vögel fliehen mittagwärts.
Den Menschen faßt ein Abschiedsschmerz.

November:
Der Sturm entlaubt den Wald und gellt.
Das Meer braust auf, das Schiff zerschellt.
Den Armen beugt die Sorgenlast,
der Hunger kommt bei ihm zu Gast.

Dezember:
Die Erde kleidet sich in Schnee.
Die ganze Welt ist kalt und weh.
Vor Gott sind alle Menschen gleich.
Sie träumen vom ewigen Friedensreich.

## Kalender 1913

Januar:
Der Reiche klappt den Pelz empor,
und mollig glüht das Ofenrohr.
Der Arme klebt, daß er nicht frier,
sein Fenster zu mit Packpapier.

Februar:
Im Fasching schaut der reiche Mann
sich gern ein armes Mädchen an.
Wie zärtlich oft die Liebe war,
wird im November offenbar.

März:
Im Jahre achtundvierzig schien
die neue Zeit heraufzuziehn.
Ihr, meine Zeitgenossen, wißt,
daß heut noch nicht mal Vormärz ist.

April:
Wer Diplomate werden will,
nehm sich ein Muster am April.
Aus heiterm Blau bricht der Orkan,
und niemand hat's nachher getan.

Mai:
Der Revoluzzer fühlt sich stark,
des Reichen Vorschrift ist ihm Quark.
Er feiert stolz den ersten Mai
(doch fragt er erst die Polizei).

Juni:
Mit Weib und Kind in die Natur,
zur Heilungs-, Stärkungs-, Badekur.
Doch wer da wandert bettelarm,
den fleppt der würdige Gendarm.

Juli:
Wie so ein Schwimmbad doch erfrischt,
wenn's glühend heiß vom Himmel zischt!
Dem Vaterland dient der Soldat,
kloppt Griffe noch bei dreißig Grad.

August:
Wie arg es zugeht auf der Welt,
wird auf Kongressen festgestellt.
Man trinkt, man tanzt, man redet froh,
und alles bleibt beim status quo.

September:
Vorüber ist die Ferienzeit.
Der Lehrer hält den Stock bereit.
Ein Kind sah Berg und Wasserfall,
das andre nur den Schweinestall.

Oktober:
Zum Herbstmanöver rücken an
der Landwehr- und Reservemann.
Es drückt der Helm, es schmerzt das Bein.
O welche Lust, Soldat zu sein!

November:
Der Tag wird kurz. Die Kälte droht.
Da tun die warmen Kleider not.
Ach, wärmte doch der Pfandschein so
wie der versetzte Paletot!

Dezember:
Nun teilt der gute Nikolaus
die schönen Weihnachtsgaben aus.
Das arme Kind hat sie gemacht,
dem reichen werden sie gebracht.

## Freiheit und Land

Es schwillt die Kraft. Der Arm greift aus.
Die Sense schwingt sich übers Feld.
Der Schweiß quillt aus der Stirn heraus.
Doch nicht erlahmt die starke Hand
des Arbeitsmanns. Es denkt der Held:
Freiheit und Land!

In Schwaden liegt das Korn gemäht.
Der es geackert, fährt es heim.
Noch einmal schweift sein Auge, späht,
wo hoch und stolz die Ähre stand.
Noch einmal formt sein Mund den Reim:
Freiheit und Land!

Die Sonne überstrahlt die Flur,
die sich nach neuem Samen sehnt.
Zum Menschen flüstert die Natur,
zum Menschen, der die Garben band,
dem Sehnsucht alle Muskeln dehnt:
Freiheit und Land!

# Kriegslied

Sengen, brennen, schießen, stechen,
Schädel spalten, Rippen brechen,
spionieren, requirieren,
patrouillieren, exerzieren,
fluchen, bluten, hungern, frieren . . .
So lebt der edle Kriegerstand,
die Flinte in der linken Hand,
das Messer in der rechten Hand –
mit Gott, mit Gott, mit Gott,
mit Gott für König und Vaterland.

Aus dem Bett von Lehm und Jauche
zur Attacke auf dem Bauche!
Trommelfeuer – Handgranaten –
Wunden – Leichen – Heldentaten –
bravo, tapfere Soldaten!
So lebt der edle Kriegerstand,
das Eisenkreuz am Preußenband,
die Tapferkeit am Bayernband,
mit Gott, mit Gott, mit Gott,
mit Gott für König und Vaterland.

Stillgestanden! Hoch die Beine!
Augen gradeaus, ihr Schweine!
Visitiert und schlecht befunden.
Keinen Urlaub. Angebunden.
Strafdienst extra sieben Stunden.
So lebt der edle Kriegerstand.
Jawohl, Herr Oberleutenant!
Und zu Befehl, Herr Leutenant!
Mit Gott, mit Gott, mit Gott,
mit Gott für König und Vaterland.

Vorwärts mit Tabak und Kümmel!
Bajonette. Schlachtgetümmel.
Vorwärts! Sterben oder Siegen!
Deutscher kennt kein Unterliegen.
Knochen splittern, Fetzen fliegen.
So lebt der edle Kriegerstand.
Der Schweiß tropft in den Grabenrand,
das Blut tropft in den Straßenrand,
mit Gott, mit Gott, mit Gott,
mit Gott für König und Vaterland.

Angeschossen, – hochgeschmissen, –
Bauch und Därme aufgerissen.
Rote Häuser – blauer Äther –
Teufel! Alle heiligen Väter! . . .
Mutter! Mutter!! Sanitäter!!!
So stirbt der edle Kriegerstand,
in Stiefel, Maul und Ohren Sand
und auf das Grab drei Schippen Sand –
mit Gott, mit Gott, mit Gott,
mit Gott für König und Vaterland.

Poeta Laureatus
*Lied des Leiermanns*

Ein Orgelmann leiert am Straßenrand,
er rasselt mit seinen Prothesen:
Ich gab meine Beine dem Vaterland;
ich bin ein Kriegsheld gewesen.
Zuhause ließ ich die Kinder, das Weib,
die hungern sich den Skorbut an den Leib; –
ich brüllte gereimte Gesänge
und kämpfte im Schlachtengedränge.
Doch das macht nichts, das tut nichts,
    das kommt nicht drauf an –
mich haben die Dichter begeistert,
sie haben das Hirn mir verkleistert,
daß ich jetzt mit den Kunstbeinen rasseln kann. –

Ein Hoch der Poesie! Es lebe das Genie!
Immer rein, immer rein in die Akademie!
Hurra, ich kann singen auch ohne Bein
und orgeln zu Dichters Reimen.
Drum sollen sie auch Akademiker sein
und den Geist des Vaterlands leimen.
Was ich hatte, das stahl mir die Inflation,
und der Hauswirt schluckt meine Krüppelpension,
ich dreh meinen Leierkasten
und üb mich in Frieren und Fasten.
Doch das macht nichts, das tut nichts,
    das kommt nicht drauf an.

Wenn die Dichter nur werkeln am Staate,
dann freut sich ein tapfrer Soldate
noch als bettelnder Leierkastenmann.
Ein Hoch der Poesie! Es lebe das Genie!
Immer rein, immer rein in die Akademie!

Das Leben der Dichter ist immer ein Fest,
besonders der Prominenten.
Sie singen vom Mond, von der Frau, vom Inzest,
da schmecken die Reichen die Renten.
Und macht ein Poet als Prolet sich gemein,
dann sperrt man ihn rechtens ins Zuchthaus ein.
Er braucht ja den Staat nur zu loben, –
dann wird er vom Staate erhoben.
Doch das macht nichts, das tut nichts,
          das kommt nicht drauf an.
Wir preisen die Republike,
mit Versen teils, teils mit Musike.
Der Dichter reimt's erst, ich orgle es dann:
Ein Hoch der Poesie! Es lebe das Genie!
Immer rein, immer rein in die Akademie!

## Räte-Marseillaise
*Nach bekannter Melodie*

Wie lange, Völker, wollt ihr säumen?
Der Tag steigt auf, es sinkt die Nacht.
Wollt ewig ihr von Freiheit träumen,
da schon die Freiheit selbst erwacht?
Vernehmt die Rufe aus dem Osten!
Vereinigt euch zu Kampf und Tat!
Die Stunde der Befreiung naht!
Laßt nicht den Stahl des Willens rosten!
Auf Völker, in den Kampf!
Zeigt euch der Brüder wert!
Die Freiheit ist das Feldgeschrei,
die Räte sind das Schwert!

Der Reiche bangt um seine Renten.
Er kauft der Wähler große Zahl,
und das Geschwätz in Parlamenten
beschützt sein heiliges Kapital.
Verlorne Mühe auszujäten,
was fruchtbar aus dem Boden schießt!
Schweig, Reicher, still! Das Volk beschließt,
das freie Volk in seinen Räten!
Auf Völker, in den Kampf!
Zeigt euch der Brüder wert!
Die Freiheit ist das Feldgeschrei,
die Räte sind das Schwert!

Auf, Arbeitsmann, Soldat und Bauer!
Schafft Räte aus den eignen Reih'n!
Und stoßt damit die morsche Mauer
jahrhundertalter Knechtschaft ein!
Längst steht der Russe auf dem Walle.
Ihm folgt der tapfere Magyar.
Wie lange säumst du, Proletar?
Wie lange säumt ihr Völker alle?
Auf Völker, in den Kampf!
Zeigt euch der Brüder wert!
Die Freiheit ist das Feldgeschrei,
die Räte sind das Schwert!

Es gilt den letzten Hieb zu führen.
Zu brechen gilt's den Herrscherwahn.
Laßt uns die Glut des Kampfes schüren.
Dem Sozialismus freie Bahn!
Was einst die Lehrer uns verkündet:
In Trümmer sinkt die alte Welt.
Auf ihrer Räte Recht gestellt,
So steh'n die Völker frei verbündet!
Auf Völker, in den Kampf!
Zeigt euch der Brüder wert!
Die Freiheit ist das Feldgeschrei,
die Räte sind das Schwert!

Fanal

Ihr treibt das Rad; ihr wirkt die Zeit;
das Feuer flammt: Jetzt! und Hier!
Euch mahnt das Feuer; macht euch bereit!
Erkennt eure Kraft! Seid Ihr!

Euch flammt das Feuer! Euch blüht das Land!
Erkennt! Seht! Hört! und Wißt!
Doch ihr verdingt euer Hirn, eure Hand –
und zweifelt, was Euer ist.

Kein Fragen, kein Rechnen befreit den Geist.
Das Feuer flammt: Tat ist Pflicht!
Wenn ihr eure Ketten nicht zerreißt, –
von selber brechen sie nicht!

# V
# Lieder
# für die Vortragsbühne

Fünf zeitgenössische Vertonungen

Ausgewählt, zusammengestellt und nach Handschriften von Béla Reinitz rekonstruiert von Wolfgang Goldhan, Berlin

# Cleo und Theo

Ludwig Mendelssohn

E-wig gleich ging Cle-os Le-ben e-he-lo-ser Ein-sam-keit. The-o wohn-te gleich da-ne-ben mit der See-le, sehn-suchts-weit.

# Der Revoluzzer

Béla Reinitz

**Moderato molto, Marschtempo**

War ein - mal ein Re - vo - luz - zer, im Zi - vil - stand Lam - pen - put - zer, ging im Re - vo - luz - zer - schritt mit den Re - vo - luz - zern

mit. Und er schrie: „Ich re - vo - lüz - ze!" Und die

ten.

*pochiss.* *rit.* *a tempo*

Re - vo - luz - zer - müt - ze schob er auf das lin - ke

*pochiss.* *rit.* *a tempo*

sff

Ohr, kam sich höchst ge-fähr-lich vor. Doch die

ten.

sff

f

Re - vo - luz - zer schrit - ten mit - ten in der Stra-ßen

ten.

col 8

mit, denn sonst spiel ich nicht mehr mit!" Doch die

Re - vo - luz - zer lach - ten, und die Gas - la - ter - nen

krach - ten, und der Lam - pen - put - zer schlich fort und

wein - te bit - ter-, bit - ter - lich. Dann ist er zu Haus ge-

blie-ben und hat dort ein Buch ge-schrie-ben: näm-lich, *)

wie man re - vo-luzzt, näm-lich, wie man re-vo-

luzzt, näm-lich, wie man re-vo-luzzt und da-bei, und da-

bei, und da - bei doch Lampen putzt.

*) An dieser Stelle bricht die Handschrift ab, der Schluß wurde nach der Ernst-Busch-Schall-
platte mit Aufnahmen von Erich-Mühsam-Liedern hinzugefügt.

# Lumpenlied

Béla Reinitz

Kein Schlips am Hals, kein Geld im Sack. Wir sind ein schäb - ges Lum-pen-pack, auf das der Bür - ger speit. Der Bür-ger blank von

# Liegst du lang

Béla Reinitz

1. Mädchen mit den krummen Bei-nen, wie dein Dak-kel
2. Dei-ne Haut, die flek-kig, krei-dig, dir ver-un-ziert
3. Dein Or-gan ist wie der Spatzen kreischend krächzen-
4. Ar-mes Kind, nie kam ein Frei-er, der dich auf sein

1. schief im Gang, glät-te mir dein wei-ßes Lei-nen.
2. Stirn und Wang, rö-tet sich und wird geschmeidig,
3. der Ge-sang. Komm auf schwellen-de Ma-trat-zen!
4. La-ger dang. Komm zu mir zur Lie-bes-fei-er!

1. Gra - de will dein Wuchs mir scheinen, liegst du lang.
2. und dein Bor-sten-haar wird sei - dig, liegst du lang.
3. Wohl-laut wird dein heis - res Krat-zen, liegst du lang.
4. Mir schwillt Mut und Blut und

Lei - er, mir schwillt Mut und Blut und

Lei - er, liegst du lang.

# Freiheit und Land

Béla Reinitz

Es schwillt die Kraft. Der Arm greift aus. Die Sen-se schwingt sich ü-bers Feld. Der Schweiß quillt aus der Stirn her-aus. Doch

# Wichtige Lebensdaten

1878  Erich Mühsam am 6. April als Sohn eines Apothekers in
      Berlin geboren
1888  Besuch des Gymnasiums in Lübeck
1900  Apothekergehilfe an verschiedenen Orten, u. a. in Ber-
      lin. Erste literarische Tätigkeit, Bekanntschaft mit Gu-
      stav Landauer, Peter Hille, Paul Scheerbart u. a.
1901  Erste Auftritte in den Berliner Kabaretts («Hungriger
      Pegasus» und «Cabaret zum Peter Hille»)
1903  «Die Wolke», erster Gedichtband, erschienen
1906  Engagements an Wiener Kabaretts. «Die Hochstapler»,
      Lustspiel in drei Aufzügen
1907  Reise nach Paris. Rückkehr im Frühjahr 1908
1909  «Der Krater», zweiter Gedichtband, erschienen. Wahl
      des ständigen Wohnsitzes in München. Als Kabarettist
      am «Simplizissimus». Beginn der Freundschaft mit
      Frank Wedekind. Mitarbeit an der satirischen Zeitschrift
      «Simplicissimus»
1911  Gründung der Zeitschrift «Kain» mit dem Untertitel
      «Zeitschrift für Menschlichkeit». Erscheint bis 1914 und
      nach der Novemberrevolution 1918/19
1914  «Wüste – Krater – Wolken» (Peter Hille zum Gedächt-
      nis), dritter Gedichtband, erschienen
1915  Am 15. Februar Eheschließung mit Kreszentia (Zenzl)
      Mühsam
1918/19  Teilnahme an der Bayrischen Räterepublik. Mitglied
      des Zentralrates der Bayrischen Räterepublik. Vom kon-
      terrevolutionären Standgericht zu 15 Jahren Festung
      verurteilt. Nach sechs Jahren Haft in der Festung Nie-
      derschönenfeld entlassen
1920  «Brennende Erde», Gedichtband. «Judas», ein Arbeiter-
      drama
1925  «Revolution», Sammlung politischer Gedichte er-
      schienen

1926 Herausgabe einer anarchistischen Monatsschrift
1928 «Staatsraison», Drama um Sacco und Vanzetti. «Samm-
     lung 1898–1928», Gedichte und Prosa, im J. M. Spaeth
     Verlag Berlin erschienen
1929 Fortsetzungsserie für die «Vossische Zeitung» in fünf-
     undzwanzig Folgen: «Unpolitische Erinnerungen»
1933 Verhaftung durch die SA
1934 Am 10. Juni im Konzentrationslager Oranienburg bei
     Berlin ermordet

# Inhaltsverzeichnis

# Alphabetisches Inhaltsverzeichnis

# Quellen

Erich Mühsam: Wüste – Krater – Wolken. Verlag Paul Cassirer, Berlin 1914.

Erich Mühsam: Sammlung 1898–1928. J. M. Spaeth Verlag, Berlin 1928.

Zenzl Mühsam (Hrsg.): Der Leidensweg Erich Mühsams. MOPR-Verlag Zürich–Paris 1935.

Erich Mühsam: Gedichte. Verlag Volk und Welt, Berlin 1958.

Erich Mühsam: Namen und Menschen (Unpolitische Erinnerungen). Verlag Volk und Buch, Leipzig 1949.

# Erich Mühsam

## Gesamtausgabe

*zum 100. Geburtstag*
*am 6. April 1978*

Band 1   Gedichte
Band 2   Dramen
Band 3   Prosaschriften I
Band 4   Prosaschriften II
Band 5   Verstreute Aufsätze

**Herausgeber: Günther Emig**

Band 1 enthält, kritisch durchgesehen, sämtliche Gedichte aus Mühsams selbständigen Veröffentlichungen (einschließlich Hinweisen auf veränderte Wiederabdrucke) sowie, soweit zugänglich, alle Gedichte aus Zeitungen und Zeitschriften, die nicht in die Gedichtbände aufgenommen worden sind.

Band 2 enthält sämtliche Dramen und Dramenfragmente Mühsams: *Die Hochstapler*, 1906. *Die Freivermählten*, 1914. *Judas*, 1921. *Staatsräson*, 1928. *Glaube, Liebe, Hoffnung*, 1913 (Fragment). *Alle Wetter*, 1930 (Fragment)

459 Seiten

Die Bände 3 und 4 bringen alle übrigen selbständigen Buchveröffentlichungen; *Die Homosexualität*, 1903. *Ascona*, 1905. *Die Psychologie der Erbtante*, 1905. *Die Jagd auf Harden*, 1908. *Das Standrecht in Bayern*, 1923. *Die Aufsätze aus Alarm*, 1925, *Gerechtigkeit für Max Hoelz!*, 1926. Die Aufsätze aus *Sammlung 1898–1928*, 1928. *Von Eisner bis Leviné*, 1929. *Unpolitische Erinnerungen*, 1931. *Die Befreiung der Gesellschaft vom Staat*, 1933.

Band 5 enthält die Arbeiten, die in Zeitungen und Zeitschriften erschienen und bisher noch nicht gesammelt und neu gedruckt worden sind.

DM 500,– (pro Band DM 100,–)

5 Bände, ca. 2500 Seiten, Format 167×240, Leinen, schwarzer Schutzumschlag

SONDERPROSPEKTE ANFORDERN!

## Verlag europäische ideen,
## Postfach 246, 1000 Berlin 37